Borrad La Fecha
De Existencia

Erase The Date Of Existence

Rudy Calderón

authorHOUSE®

AuthorHouse™
1663 Liberty Drive, Suite 200
Bloomington, IN 47403
www.authorhouse.com
Phone: 1-800-839-8640

AuthorHouse™ UK Ltd.
500 Avebury Boulevard
Central Milton Keynes, MK9 2BE
www.authorhouse.co.uk
Phone: 08001974150

Publicado por primera vez por AuthorHouse 10/31/2007

ISBN: 978-1-4343-2233-3 (sc)

Biblioteca del Congreso Número Reguladora: 2007900674

Impreso en los Estados Unidos De América
Bloomington, IN

Este libro se imprimida en papel libre de ácidos.

Para a la raza cósmica/ To the cosmic race

Tabla de Contenidos/Table of Contents

Borrad la fecha de existencia 2
Erase the date of existence 3
Te mandé una carta y rosa 4
I sent you a letter and a rose 5
Antes… 6
Before 7
La taza de café 8
A cup of coffee 9
¿Por qué tus labios… 10
Why your lips…? 11
¿Dónde va el alma? 12
Where does the soul go? 13
Mi María 14
My María 15
Nosotros sabemos 16
We Know 17
Tienes pensamientos 18
You have thoughts 19
Qué va… 20
What then… 21
¿Quién fue Rudy? 22
Who was Rudy? 23
yo peleo para ver 24
I fight to see 25
El poeta de mí 26
The poet of me 27
Escribí hasta que pude 28
I wrote until I could 29
Dulce flor de primavera 30
Sweet flower of Spring 31
En un tiempo te quise 32
At one time I loved you 33
No todo es poeta 34
Not all are poets 35
Cuando te vi 36
When I saw you 37
Cuando me leas 38
When you read me… 39
El equilibre 40
The Equilibrium 41
Calmado todo alrededor 42
Calm all around 43
Fui de oquis 44
Extra was I 45
Renazco 46
I'm Reborn 47
Posiciones dictan 48
Positions dictate 49

Voy.. 50
I go 51
He visto.. 52
I've seen... 53
Pon tu fe en lo bueno 54
Put your faith in the good 55
En tus manos 56
In your hands... 57
Los pájaros en mi techo 58
The birds on my roof.. 59
Despertar 60
Awakened.. 61
Sentada a mi derecha.. 62
Sitting at my right 63
La rebeldía cristiana.. 64
The Christian Rebellion 65
Mi canción 66
My song 67
Cuando llegue 68
When it comes 69
sin palabras... 70
Without words 71
Injusticia 72
Injustice 73
Pensé como un optimista.. 74
I thought like an optomist 75
¿Quién canta?... 76
Who sings?.. 77
El mejicano acude 78
The Mexican takes refuge 79
¿Dónde va el árbol de aguacate?... 80
Where does the avocado tree go? 81
Mi mente se lanza hacia Guerrero.. 82
My mind lances towards Guerrero 83
El árbol del Este 84
The tree of the East... 85
Desde lejos 86
From afar 87
Sé dónde termina el sendero 88
I know where the road leads 91
Caminamos el vecindario 94
We walked the neighborhood 95
¿Qué es el cielo?... 96
What is the sky? 97

Borrad la fecha de existencia

¡Impedir que suenen las campanas,
hacer que esperen los niños afuera de las puertas,
limpiar el pizarrón blanco de las lecciones
de hoy, dejar que el silencio de la trompeta
triunfe!

¡Borrad la fecha de existencia,
hacer que todo el gozo pare inmediatamente,
dejar que el sintaxis de comunicación
sea intrincado y disléxico!

¡Poner un letrero que diga "fuera de servicio,"
en la cafetera,
remuevan las rúbricas y notas de Cornell,
un resumen no es necesario hoy!
¡dejar que el salón de maestros toque
la novena sinfonía de Beethoven
y recite el verso del Profeta!

¡Dejar que caigan las cuatro paderes
con un ruidoso *yawp*,
recitando el llamado del desamparo, dejar que la
bandera luche para mantener su posición a media asta
y empezar un minuto de silencio
mientras el pedagogo!

…hace su salida

20 de abril del 2007

Erase the date of existence

Impede all the bells from ringing,
make the children wait outside the doors,
clean the white boards of the lessons
of today, let the horn of
silence prevail!

Erase the date of existence,
make all joy cease at once,
let the syntax of communication
become convoluted and dyslexic!

Put an out of order
sign on the coffee pot,
put away rubrics and Cornell notes,
a summary is not required today!
Let the staff lounge play
Beethoven's 9th symphony
and recite the Prophet's verse!

Let the four walls fall
with a thunderous yawp,
reciting the call of despair, let the
the flag struggle to keep its pose at half-staff,
and begin a minute's silence
while the pedagogue!

...makes his exit

April 20, 2007

3

Te mandé una carta y rosa

Te mandé una carta y rosa.
Me la mandaste destruida, sin pensar
que no podría vivir sin mi oxígeno.

Te mandé una carta y rosa
porque tú me has levantado.
Corazón arriba, me diste
aliento azucarado.

Te mandé una carta y rosa
para dejarte saber que hoy veo el arco iris.
Te reíste y sólo quedó reír ya que,
pues, tengo mi dignidad.

Te mandé una carta y rosa
cuando la ira me causó naufragar en
mi barco. Llegó a la isla y se ancló sobre
el mar del sufrimiento donde sólo
habido tormentas sin igual.

I sent you a letter and a rose

I sent you a letter and a rose.
You sent it back destroyed, without thinking
that I couldn't live without my oxygen.

I sent you a letter and a rose
because you have lifted me.
Heart raised up, you gave me
a sweetened smell.

I sent you a letter and a rose
so I can let you know that today I see the rainbow.
You laughed and the only thing left was to laugh since,
well, I have my dignity.

I sent you a letter and a rose
when anger caused me to shipwreck on
my ship. It arrived to the island and anchored itself on
the sea of suffering where only
has there been thunderstorms without equal.

Antes...

Antes de decirte que te quería,
pensé de lo qué daría o si

¿tal vez preferías el remate?

Antes de darte mi corazón,
entendí el desafío de la traición.

Antes de que me saliera una lágrima,
se apareció la pausa. En ese momento,
tenías el alma comerciante.

Antes de haberte conocido,
no tenía bien la mente.

Antes de sonreír por doquier,
no entendía el "no volver".

Antes de hablarte con dulzura,
sólo tenía como amiga... la furia.

Antes de rendirme hacia la Muerte,
cerré los ojos...

y me hice fuerte.

Before

Before telling you that I wanted you,
I thought of what I would give
and if maybe, you'd prefer the swap meet?

Before I give you my heart,
I understand the challenge of a betrayal.

Before a tear was produced from me,
came the pause. In that moment, you had
the business soul.

Before I knew you,
I did not have my mind right.

Before I smiled everywhere,
I did not understand the idea of "no return".

Before speaking to you with sweetness,
only did I have as my friend...fury.

Before I surrendered myself to Death,
I closed my eyes...

and I made myself strong.

La taza de café

Tus labios, el sabor
para seguir llevándote
las rosas de mi sangre.

Mi río corre hacia tu río.
Mis células, imanes hacia tus células.
En cada andar, sólo el sufrir.
En cada sufrir, sólo queda
el no codiciar.

Tu pelo negro, me da calma.
Tu pelo negro… ¡toda una dama!
Tú tienes mi alegría., en nada más, hay vida.
Subámonos con el amor al tranvía y
olvidémonos de lo cómico
de la vida.

Tu caminar, siento por todos lados como el siego.
Me das tranquilidad por tu cariño.
Siento en tu vientre poner el mañana…
En este día, dame una
taza de café…

A cup of coffee

Your lips, the taste
to keep sending you
the roses of my blood.

My river runs towards your river.
My cells, magnets toward your cells.
In each walk, only suffering.
In each suffering, left is only
to not covet.

Your black hair, gives me calm.
Your black hair, all a dame!
You have my happiness, in nothing else, is there life.
Let us rise with Love on the tram and
forget of the comedy
of life.

Your walk, I feel everywhere like the blind.
You give me tranquility because of your tenderness.
I feel in your womb to put tomorrow...
This day, give me a
cup of coffee...

¿Por qué tus labios...

¿Por qué sueño?
¿Por qué pido el rocío de la mañana
sin que sea la mañana?
¿Por qué me señala el crepúsculo de
lo que vendrá esta noche?
¿Por qué falleció Nervo en ese continente?
¿Por qué tus labios tienen
todas mis respuestas?

No lo entiendo.

Why your lips...?

Why do I dream?
Why do I ask for the dew of the morning
without it being the morning?
Why does the crepuscule signal to me
of what shall come this night?
Why did Nervo die in that continent?
Why do your lips have
all my answers?

I do not understand.

¿Dónde va el alma?

¿Dónde va el alma?
¿Va a vivir en el monte del calvario?
Entiendo que he navegado por
las palmas y nunca se me
fueron garantizadas.

En Latinoamérica se encuentra la Luz
de todas las luces en los cosmos.
El Peninsular penosamente se esconde
andando en Veracruz con su mulata.
La jerarquía española muera lentamente
y, con ella, la ignorancia.

La hija de Zeus, al escribir este poema, estuvo aquí.
Cuando leas el final, ya se hubiese
ido a admirar la pradera.

Where does the soul go?

Where does the soul go?
Does it go to live on the mount at Calvary?
I understand that I've navigated with
the palm trees and never, to me,
were they ever guaranteed.

In Latino America, you find the Light
of all the lights in the cosmos.
The Peninsular shamefully hides

walking in Veracruz with his *mulata*.
The Spanish hierarchy dies slowly
and, with it, ignorance.

The daughter of Zeus, while writing this poem, was here.
When you read the end, she will have
already left to admire the prairie.

Mi María

Tú, mi María.
Entiendo tu vida
sin que me la digas.
Mi María, distinta, aun si
no lo es tu nombre.

Tú, la belleza.
Qué cómico que jamás tuve el
valor para decirte,
"Te quiero".

My María

You, my María.
I understand your life
without you having to tell it to me.
My María, distinct, even if
your name is not.

You, the beautiful.
How comical that I never had the
courage to tell you that,
"I love you".

Nosotros sabemos

¿Y qué pues te digo, si tú lo sabes todo?
¿O sea te diré lo que esperas?
Pero, ¿tal vez, es requerido para la sociedad
hablar simplemente para no ser
rebeldes de lo que hay en abundancia?

Tú me entiendes, vives conmigo.
Navegas por todas las emociones
de las que yo vivo. Compañera
incondicional, eso es puro maíz prieto.

Yo, con cromosomas xy.
Tú, con cromosomas xx.
Por más que quieran decir
todos que somos tan diferentes, les doy el "guey"
porque no entienden que cuando la sociedad
está debatiendo "la batalla de los sexos"
tú y yo nos estamos amando hedonísticamente porque
sólo los que están sin falta,
pueden juzgar.

Los polemistas, quedan de oquis.

We know

And what do I tell you, if you know it all?
Shall I tell you what you expect?
But, maybe, it's required for societies sake to
speak simply so as to not be
rebels of what there is in abundance?

You understand me, you live with me.
You navigate through all the emotions
that I live. Unconditional
companion, that is pure dark corn.

I, with xy chromosomes.
You, with xx chromosomes.
As much as everyone wants to say
that we are so different, I give them the slang, *"guey"*
because they don't understand that when society
is debating "the battle of the sexes"
you and I are loving each other hedonistically because
only those that are without fault,
can judge.

Debaters, an abundance there are.

Tienes pensamientos

Me llamas de tu cama.
Antes de despertar,
se presenta tu anochecer.

¿Por qué tienes pensamientos
que te llevan hacia la muerte?
¿Será que tú crees que todo
se hace conforme hacia la suerte?

Sólo el lector, sabiendo de nuestra muerte,
vomitará su respuesta, sin tomar en cuenta
que nuestras raíces fueron
inseparables.

You have thoughts

You call me from your bed.
Before waking you,
the nightfall presents itself.

Why do you have thoughts
that take you toward death?
Shall it be that you believe that all
is done with relation to luck?

Only the reader, knowing of our death,
shall vomit their answer, without taking into account
that our roots were
inseparable.

Qué va...

Hoy tengo libros.

He buscado respirar con seres. Sólo
he encontrado a esa ángel y
a unos cuantos amigos.

La mayoría de la sociedad
ha contagiado esa plaga
- indiferencia y orgullo,
cosas que no dejan vivir.

Qué va,
nada me sorprende
porque sé de la enfermedad de
todas las ciudades.

Sólo queda levantar
el bastón y caminar
por el mundo.

6 de agosto del 2006

What then...

Today, I have books.

I've searched to breathe with beings. Only
have I found that angel and
a few friends.

The majority of society
has contracted that plague
- indifference and pride,
things that don't let one live.

What then,
nothing surprises me
because I know of the sickness of
all the cities.

Left is only to lift
the cane and walk
among the world.

August 6, 2007

¿Quién fue Rudy?

¿Quién fue Rudy?
Su madre les preguntará, " ¿Cuantas veces te miró con dulzura?"

¿Quién fue Rudy?
Su hermano les preguntará, "¿Cuantas veces te dio la regañada merecida?"

¿Quién fue Rudy?
Su hermana les preguntará, "¿Cuándo dejó de quererte a ti?"

¿Quién fue Rudy?
Sus vecinos les preguntarán, "¿Cuándo negó sus responsabilidades?"

¿Quién fue Rudy?
Sus sobrinos les preguntarán, "¿Quién peleó por enseñar el ejemplo de seguir la
educación?"

¿Quién fue Rudy?
Sus libros preguntarán, "¿En un momento lo viste que le dijera no a la humanidad?"

¿Quién fue Rudy?
El pueblo dirá, "No lo sé. ¡qué importa!"

Who was Rudy?

Who was Rudy?
His mother shall ask, "How many times did he look at you with tenderness?"

Who was Rudy?
His brother shall ask, "How many times did he give you that necessary scolding?"

Who was Rudy?
His sister shall ask, "When did he deny his responsibilities?"

Who was Rudy?
His nephews and nieces shall ask, "Who fought to put the
example to continue your education?"

Who was Rudy?
His books shall ask, "In any moment did you see him say no to humanity?"

Who was Rudy?
The town shall say, "I don't know, what does it matter!"

Tu simplicidad me quita mi capa de intelectualismo.
Tú, la belleza de mujer en mi frente.
Me explicas pero yo
peleo para razonar.

Poeta, me dicen.
Sólo vago por el mundo como el aire que soy.
Por eso, le doy gracias al mundo
porque al conocerlo a uno, no termina el sufrimiento.
Ya tengo las maletas empacadas
para ese viaje.

Tu simplicidad me quita mi capa de inferioridad.
Tú, la belleza que nunca fue a la escuela.
Me explicas y *todo*
te lo creo.

Poeta, avergonzado y glorificado.
Jamás podrás decir que dije mentiras.
Por eso, les brindo a los quienes me hicieron
porque lo quieran o no, puse mi
corazón en letra.

I fight to see

Your simplicity takes off my cape of intellectualism.
You, the beauty of woman in front of me.
You explain to me but I
fight to reason.

Poet, they call me.
Only do I wander through the world like the air that I am.
For that, I give thanks to the world
because by knowing one, suffering does not end.
Now I have my suitcases packed
for that trip.

Your simplicity takes off my cape of inferiority.
You, the beauty that never went to school.
You explain to me and *everything*
I believe from you.

Poet, ashamed and glorified.
Never will you be able to say that I told lies.
For that, I toast to those that made me
because whether they like it or not, I put my
heart to words.

El poeta de mí

El Destino mantiene cada sita.
Es él quien lleva las órdenes del altísimo.
Sólo el poeta se pone enfrente y pelea con
lo que tendrá que ser para que su prójimo baile.
Mas que expanda su semilla.
Él acepta ser degollado y crucificado por el
nacimiento y ojos de esa/e bebé.

El poeta, el infeliz
de su aldea. Desdichado desde
su empiezo. Él estuvo conciente en su nacimiento.
Su mente siempre peleando con la muerte
y con el afán de morar en Tampico.

El poeta cree en todo,
vive diez siglos en una noche,
toma vino con Omar Khayyám,
y teme dejar su posteridad sin decirle
adiós como el Dr. Zhivago.

Mi sangre híbrida
es sangre de Cortés y La Malinche.
No lo niego, pues no lo puedo.
Mi cara, llena de barba española.
Mi piel, café como la tierra.
Ahí, está toda la evidencia.

El poeta sólo puede llorar sin que parezca novela.
El reír es una vocación que apresura su fin y
es demasiado superficial.

19 de febrero de 2007

The poet of me

Destiny keeps its appointment.
It is he whom takes the orders from the most high.
Only the poet puts himself in front and fights with
what will have to be so that the other may dance.
But let their seed be expanded.
He accepts to be beheaded and crucified for the
birth and eyes of that baby.

The poet, the unhappy
of his area.
Wretched since
his start. He was conscious in his birth.
His mind always fighting with death
and with a curiosity to live in Tampico.

The poet believes in everything,
he lives ten centuries in one night,
he drinks wine with Omar Kayyám,
and fears leaving his posterity without telling them
good bye like Dr. Zhivago

My hybrid blood
is blood of Cortés and La Malinche.
I don't deny it, I can't.
My face, full of Spanish beard.
My skin, brown like the dirt.
There, is all the evidence.

The poet can only shed tears without it appearing like a soap opera.
Laughing is a vocation that precipitates one's end and
is extremely superficial.

February 19, 2007

Escribí hasta que pude

Te contaré
cómo fue mi ocaso y qué
corrió por mi mente. Toma
buenas notas ya que tendrás
gran responsabilidad…

"Habla de ella, anda.
Di, 'Sin ella, sólo hay una palma,
la escasez de mi vida.'"
Dios ponme un alto, se mi guía.
Como egoísta, busco la calma.
Pelo negro y caderas de Mazatlán,
sacudo la cabeza y no lo entiendo.
Por ti, todo mi equipaje lo vendo.
Tú eres la que me da, el sostener. La mujer
jamás quiere estar con un hombre
sensible, por lo cual me provoca
risa implacable.
Aun, levanto tu mejilla para verte; no
te pido permiso lo hago porque es el destino.
Te sonrío como la primera vez.
Te amo hoy en día, pero más en las tinieblas.
Por estar a tu lado, pongo a un lado
mi oficio de vagabundo."

Mi corazón, lo alcé hacia Dios.
Mi río de amor… tuvo limitaciones.
pero escribí hasta que
el Destino tocó la puerta.
Me puse mi abrigo y gorrillo
y salí al camino que no
tiene retorno.

No fue mi culpa.
Escribí hasta que pude.
En mi escritorio te
dejé mi pluma llena
de tinta.

19 de febrero del 2007

I wrote until I could

I'll tell you
how it was, my sunset and what
ran through my mind. Take
good notes since you will have
great responsibility…

"Talk about her, go on.
Say, 'Without her, there is only one palm,
the shortage of my life.'
God put a stop, be my guide.
Like an egoist, I search for calm.
Black hair and hips from Mazatlán,
I shake my head and I don't understand.
For you, all my baggage I will sell.
You are the one that gives me, fulfillment. Woman
has never wanted to be with a man
who is sensitive, for which it causes me
implacable laughter.
Still, I lift your countenance to see you; I
do not ask you permission, I do it because it is destiny.
I smile at you like the first time.
I love you today, but more in tribulations.
To be at your side, I put to one side
my job of vagabond."

My heart, I raise toward God.
My river of love…had its limitations.
Say all this my friend…
I wrote until
Destiny knocked on my door.
I put on my coat and hat
and went out down the road that does not
have return.

It was not my fault.
I wrote until I could.
On my desk, I
left you my pen full
of ink.

February 19, 2007

Dulce flor de primavera

Eres dulce por tu caminar.
Te diriges, entendiendo tu andar,
entendiendo tu papel como hembra,
aurora quien atrae el arco iris.

Te amo cuando me amas y
cuando no me amas, salgo a admirar el poniente.
Te quiero porque no hablas
cuando entramos a un
hospital de mudos.

A esas cucarachas, quienes
se exaltan con su egoísmo
¡que se vayan a poner blancas!

Hay personas que no se entienden para nada.
La hembra se hizo para el varón
y el varón para la hembra.
O sea, son dos lados
de la misma moneda.

Si eres hembra y exclamas
que "él" es malo, primero entiende
que no todos son "él"
y que no pudiste
ser concebida sin, "él".

Quiero a todos,
mas entiende que somos
navegantes, nadie con un monopolio
hacia la verdad.

19 de febrero del 2007

Sweet flower of Spring

You are sweet because of your walk.
You direct yourself, knowing your walk,
knowing your script of a woman,
morning break that attracts the rainbow.

I love you when you love me and
when you don't love me, I go out to admire the West.
I want you because you don't speak
when we enter a
hospital for mutes.

To those cockroaches, whom
exalt themselves with their pride,
let them go and turn white!

There are persons that one does not understand at all.
The female was made for the male
and the male for the female.
In other words, they're two sides
of the same coin.

If you're a female and exclaim
that "he" is bad, first understand
that not all are "he"
and that you couldn't
have been conceived without "he".

I love all,
but I understand that we are
navigators, no one with a monopoly
on truth.

February 19, 2007

En un tiempo te quise

En un tiempo te daría mi alma.
En un tiempo, me gobernabas,
bien o mal tu patología.
En un tiempo, te daría la
nube clara aun cuando
debería darte la nube oscura.

En un tiempo, amé sin igual tu risa.
En un tiempo, grité a todo volumen
que eras "¡la imperadora de este siervo!"

En un tiempo, mataría al
quien se atrevería a decirte
algo dañino.

En un tiempo,
vendería mi alma
para que tuvieras calefacción
cuando viviendo en el polo norte.

Hoy...

                              no me atrevería
                                    hacer semejante cosa.

19 de febrero del 2007

At one time I loved you

At one time, I'd give you my soul.
At one time, you governed me,
good or bad your pathology.
At one time, I'd give you the
clear cloud even when
I should give you the dark cloud.

At one time, I loved without equal your laughter.
At one time, I shouted at full volume
that you were "the empress of this serf!"

At one time, I'd kill the
person that would dare tell you
something hurtful.

At one time,
I'd sell my soul
so that you'd have heat
when living in the north pole.

Today...

I would not dare
do such a thing.

February 19, 2007

No todo es poeta

No todo es poesía.
Si dicen que escriben poesía
por escribir unas líneas indiferentes
pero no dan su cosmovisión,
no es poesía, ni son poetas. Ser poeta es
martirizarse por la humanidad y entender
que su sepulcro nadie irá a visitar.

Si no han seguido escribiendo
sin saber por qué están escribiendo,
no son poetas.

El poeta escribe porque quiere ver el fin,
un seguir de levantar y cargar el mundo
sobre los hombros sabiendo que sólo le
darán una patada por eso.

El poeta, pelea con papel en cada lugar
sabiendo que las lamentaciones llegarán
por consiguiente. El trata de cambiar el
curso del Director, quien
dirige esta novela.

El poeta, no es alma calmada.
El poeta, tiene su equilibrio mal puesto,
por eso no hay tranquilidad y se
contenta y aplaude el
bajar de la cortina.

El poeta, siente, siempre siente
de la maldad del comercio quien
sólo llama al buen parecido sin
saber que por dentro tal vez tengan
oscuridad y lombrices rotas.
¡Bestia, sin alma verdadera!

Pero, presta oído, porque
tú serás en tu tiempo mal parecido/a quien
hoy se piensa buen parecido/a. Recuerda,
aquí sólo se habla verdades. ¿Tal vez
cuando leas esta carta
yo estaré dándole
la cena a la tierra?

Not all are poets

Not all is poetry.
If they say that they write poetry
because they write some indifferent lines
but don't expound their worldview,
it is not poetry, and they are not poets. To be a poet is
to martyr oneself for the sake of humanity, and understand
that your burial site no one will visit.

If they have not continued writing
without knowing why they are writing,
poets they are not.

The poet writes because he wants to see the end,
a continuance of following and lifting and carrying the world
over one's shoulders knowing that they'll only
give him a kick for that.

The poet, fights with paper in each location
knowing that the lamentations will arrive
as a consequence. He tries to change the
course of the Director, whom
directs this soap opera.

The poet, is not a calm soul.
The poet, has his equilibrium maladjusted,
for that reason, there's no tranquility and he's
content and applauds the
lowering of the curtain.

The poet, feels, always he feels
of the evil of commerce whom
only calls the good looking without
knowing that inside resides maybe
darkness and rotten worms.
Beast, without a truthful soul!

But, lend an ear, because
you will be at one point in time bad looking whom
today thinks themselves good looking. Remember,
here, truths are only spoken. Maybe
when you read this letter
I'll be giving
supper to the earth.

Cuando te vi, vi al amor encarnado.
Caminaste sin saber de tu verdad.
Aun, seguiste en pláticas marginadas
sin saber de tu magia.

¿Tal vez, nunca sabrás la importancia
que tuviste al infectar a este corazón?
¿Quién sabe algo? Somos sonidos de nada,
pero el destino lo sabe todo.

Tus andares, relucientes en la oscuridad.
Tus implores, dulces como el azúcar.
Tus ojos, claros como el Lago de Camécuaro.

Te he amado, pero
nunca has sabido cuanto te amé.
Así es la vida, así lo es.

19 de febrero del 2007

When I saw you

When I saw you, I saw love incarnated.
You walked without knowing of your truth.
Still, you continued in marginalized talks
without knowing your magic.

Maybe, you'll never know the importance
you had in infecting this heart?
Who knows anything? We're sounds of nothing,
but destiny knows it all.

Your wanderings, brighten the darkness.
Your implores, sweet like sugar.
Your eyes, clear like the Lake of Camécuaro.

I've loved you, but
you've never known how much I loved you.
That is how life is, that is how it is.

February 19, 2007

Cuando me leas...

Cuando me leas, será el tiempo ideal.
Tú no sabrás que decir, yo
te lo digo poco a poco.

Dirás, pero no sabrás.
Te preguntarás, pero no te alimentarás.
Yo soy tu guía en este mundo.
Yo soy la musa por quien pides
del aire que no te contesta y
que no sabemos si es.

El mundo es indiferente, la mayoría del pueblo… infeliz.
Las reglas se hicieron hace mucho,
ya es tiempo de escribir nuevas.
Enamórate con los pesares indiferentemente
ya que habrán muchos.

Amigos buenos, busca. Si prometen alabar
el alma de ti en su bien estar,
entonces se les dará un ochenta por ciento
porque a nadie jamás
se le da todo.

19 de febrero del 2007

When you read me...

When you read me, it shall be the ideal time.
You will not know what to say, I
shall tell you little by little.

You shall say, but you will not know.
You'll ask yourself, but you will not fill yourself.
I will by your guide in this world.
I am the muse whom you ask for
from the air that does not answer and
we know not if it is.

The world is indifferent, the majority of the town…unhappy.
The rules were made long ago,
it is now time to write new ones.
Become enamored with the indifferent sorrows,
since there will be many.

Good friends, search for. If they promise to hail
the soul that is you in their right mind,
then they shall be given eighty percent
because no one
shall ever be given everything.

February 19, 2007

El equilibre

Blanca y negra, mi vida.
No descifrando del equilibre del quien
mora ahí, el vivir sigue sonámbulo.
Siempre la negra ha sido mi guía.

La izquierda, el imán para mí.
Jugando y pretendiendo del ideal.
La realidad es hiel o sea sal.
Los de abajo se unen para vivir.

La derecha, creyente del "padre".
Su vista parroquial y auto-suficiente.
La verdad y humanidad no tiene en la mente.
Su vista corta, pues necesita
a su madre.

The Equilibrium

White and black, my life.
Not deciphering the equilibrium of whom
lives there, living continues sleepwalking.
Always the black one has been my guide.

The left, a magnet for me.
Playing and pretending of ideals.
The reality is sour, in other words, salt.
The ones at the bottom unite to live.

The right, believers of a patriarchal mindset.
Their view, parochial and self-sufficient.
The truth and humanity is not in the mind.
Their vision is short, well needed is
their mother.

Calmado todo alrededor

Calmado todo alrededor.
No hay legalismo aquí.
Este ritmo quiero seguir.
En Puerto Rico busco
calor y valor.

El sonar del océano con la arena
siento chocar, lo mal y bueno.
Del primero tengo desdichados sueños.
Cierro los ojos y viene el pasado.

Maestro, en escuelas.
En el mundo, alumno.
No me sostiene las explotaciones urbanas.
Esas acciones me hacen oír esas tres ranas.
Trato de salvar la posteridad por todo el rumbo.

Hoy, como mi desayuno, sin opiniones.
La comida ocupa toda mi atención.
Está borrosa y derrumbada mi visión
mas empiezo a vivir al
recordar mis rosales.

Calm all around

Calm all around.
There's no legalism here.
This rhythm I want to follow.
In Puerto Rico, I search
for warmth and courage.

The sound of the ocean with the sand
I feel crash, the good and bad.
Of the first, I have wretched dreams.
I close my eyes and the past follows.

Teacher, in schools.
In the world, student.
The urban exploitations don't sustain me.
These actions make me hear those three frogs.
I try to save posterity by the road.

Today, I eat my breakfast, without opinions.
The food occupies all my attention.
My vision is blurry and fallen
but I start to live by
remembering my roses.

Fui de oquis

Fui de oquis en mi marginación.
Historias me cuenta mi musa.
No caminé sonámbulo, mi error.
La burocracia me brindó su mano.

No fui aceptable aquí.
Entendiendo a los de arriba.
No ha sido trabajo fácil.
Nadie quiere oír el canto del alma.
Poetas cantarán, pero la multitud
estará mirando Don Francisco.

Extra was I

Extra was I in my marginalization.
Stories my muse tells me.
I didn't sleepwalk, my error.
Bureaucracy lent me its hand.

Was not acceptable here.
I understand those on top.
It hasn't been an easy task.
No one wants to hear the chant of the soul.
Poets will sing, but the multitude
will be watching Don Francisco.

Renazco

Renazco al empiezo de la aurora,
mirando hacia lo verde de mi adolescencia.
Cada paso fue marcado y sellado con intenciones
para dejar un mapa para descifrar el laberinto
cuyas paredes han sido invisibles.

Renazco al empiezo de mi segunda vida,
vida que viaja en cámara lenta.
Esta vida ya no es apresurada,
tiene todo el tiempo para
salir y respirar y aumentar los
pulmones del rosal blanco.

Renazco al subirme a las alturas
de la pedagogía del alma. En este día-
profesión noble, espiritual y sagrada.
El reto es desafiar a la posteridad.

27 de marzo 2007

I'm Reborn

Reborn at the break of dawn,
looking towards the green of my adolescence.
Each step was marked and sealed with intentions
to leave a map to decipher the labyrinth
whose walls have been invisible.

Reborn at the break of my second life,
life that travels in slow motion.
This life is no longer rushed,
it has all the time to
come out and breathe and augment the
lungs of the white rose.

Reborn as I rise towards the heights
of my soul's pedagogy. On this day-
noble profession, spiritual and sacred.
The goal is to challenge posterity.

March 27, 2007

Posiciones dictan

Posiciones dictan todo,
dan perspectiva al mirar la
montaña que se mira cuando uno
quiere mirarla.

Todo vale menos conforme
las células que uno expone.
Uno da un poco, y eso es su virtud.

Posición malvado,
posición exaltado, hechos semejantes por lo regular.

El tiempo dirá, enseñará, y me absolverá.
Mi dios exalta más al mirar
llorar la niña quien su padre
no ha sabido apreciar su sangre. Su posición
no merece… resignación piden todos,
mas yo le doy otra oportunidad.

5 de abril del 2007

Positions dictate

Positions dictate everything,
Perspective is given while looking at the
mountain that is visible when one
wants to see it.

Everything is worth less with regards
to the cells that one puts out.
One gives a little and that is its virtue.

Position not good,
position exalted, similar acts become common thing.

Time will say, show all, and will absolve me.
My god is exalted more by viewing
the crying of a young girl whose father
has not known how to appreciate his blood. His position
he does not deserve... a resignation is asked by all,
but I shall still give him another opportunity.

April 5, 2007

Voy

Voy caminando.
Camino sin saber cómo
dirigir mis pies.
Mis pies, soldados que
no hacen preguntas.
Mi camino ha sido
marcado por Dios
para ser un espejo.

Voy hacia el mundo con certitud de nada.
Eso ha sido la gran sabiduría que he encontrado.
Este saber me ha dado la más
grande tranquilidad.

5 de abril del 2007

I go

Walking I go.
I walk without knowing how to
direct my feet.
My feet, soldiers that
don't ask questions.
My road has been
marked by God
to be a mirror.

I go towards the world with certitude of nothing.
That has been the great wisdom that I've found.
Knowing this has given me the
greatest tranquility.

April 5, 2007

He visto

Dador de sabiduría,
¿qué pues digo?
Bueno, sólo sé que
con venir la aurora, gana uno.
O sea, al decir, "buenos días"
el ser humano ya cumple ese día.

He visto el crepúsculo traer
tantas muertes. He visto a un ser,
inteligente y con alma de poeta
sucumbir a la bestia del dragón.
He visto a un pueblo oscuro
y con una mentalidad de que
estamos en un estado de naturaleza
traer temores a John Locke.

He visto a personajes en el siglo veintiuno
desear la dictadura sobre la democracia.
La democracia sólo es una etapa
del cual sigue la comunión
entre hermanos.

17 de abril del 2006

I've seen

Giver of wisdom,
what now will you say?
"Well, I don't know much. I only know that
with the coming of the dawn, one wins.
In other words, by saying, 'Good morning!'
the human being has fulfilled that day.

I've seen the crepuscule bring
many deaths. I've seen a being,
intelligent and with a soul of a poet
succumb to the beast of the dragon.
I've seen a dark town
and with a mentality of
being in a state of nature
bring tremors to John Locke.

I've seen people in the 21st century
desire dictatorships over democracy.
Democracy is only one stage
of which follows the gathering
between brothers."

April 17, 2007

Pon tu fe en lo bueno

Nadie es bueno,
ningún ser humano.

Nadie tiene la respuesta.
La razón está en la determinación de
creer en Dios y no pastores, sacerdotes,
monjes, o gurus.
Esta decisión no requiere
sabiduría porque la sabiduría fracasa
y lo único que queda es el nihilismo.
Recuerda, cada religión se
despedaza en su sabiduría.

Por eso, mi ser humano,
pon tu fe en lo bueno y
busca y pide dirección
de EL quien te da esa respuesta,
correcta y sin errores.

Tú, quien procede de
Sor Juana, la Madre Teresa
Frederich Nietzche, Camus, o Marx,
el último termina pobre.
Antes de juzgar, platiquen con
Kierkegaard.

17 de abril 2006

Put your faith in the good

No one is good,
not one human being.

No one has the answer.
Reasoning is in the determination to
believe in God not pastors, priests,
monks, or gurus.
This decision requires not
wisdom because wisdom fails
and the only thing that is left is nihilism.
Remember, each religion
annihilates itself with its wisdom.

Because of that, my fellow being,
put your faith in the good and
search and ask for direction
of Him that gives that answer,
correct and without errors.

You, whom proceeds from
Sor Juana, Mother Teresa,
Nietzche, Camus, or Marx,
the last one ends poor.
Before you judge, speak with
Kierkegaard.

April 17, 2007

Escribir para ti,
la niña y niño quien canta.
A ti te amo desde un lugar distinto.
Cuando pidas mis versos,
despertaré y cantaré el son de júbilo.
En tus manos, sentirás amor.

Yo he escrito con ojos cerrados.
Mi voz jamás escucharás, mas
nuestras almas se enlazarán.

Yo no he sido ciudadano de algún país, eso
es muy parroquial. Yo permanezco ciudadano
del mundo en general y de los continentes
de América en particular.

17 de abril del 2006

In your hands

Writing for you,
the girl and boy whom sings.
I love you from a distant place.
When you ask for my verses,
I shall awaken and sing the jubilant song.
In your hands, you'll feel love.

I've written with closed eyes.
My voice you'll never hear, but
our souls will become linked.

I've not been citizen of some country, that
is too parochial. I remain citizen
of the world in general and of the continents
of America in particular.

April 17, 2007

Los pájaros en mi techo

Los pájaros vinieron
esta mañana a mi techo. Me
contaron cuentos de sus viajes
sobre la tierra. Las hembras enseñaban
sus alas de diosas a sus cónyuges. Los varones cantaban
un son de melancolía, y los chicos
se deleitaban por parecerse
cada día más a
sus padres.

8 de abril del 2007

The birds on my roof

The birds came
this morning to my roof. They
told me stories of their voyages
through the landscapes. The females' revealed
their godlike wings to their mates. The males' sang
a melancholic song, and the little ones
rejoiced because they looked
each day more like
their parents.

Despertar

¿Por qué he despertado
de este camino sonámbulo?
No habido paz desde ese día.
El sol, es sol, indiferente
a los rayos que inculca
al ser despierto.

Camino solo en
la ciudad del olvido. Busco
olvidarme de toda célula que se
convierte en la materia
de mí.

8 de abril del 2006

Awakened

Why have I awakened
from this sleepwalking road?
There hasn't been peace since that day.
The sun, is sun, indifferent
towards the rays that inoculate
the awakened being.

I walk alone in
the forgotten city . I search,
forgetting of all cells that become
converted into the material
that is me.

April 8, 2007

Sentada a mi derecha

Sentada a mi derecha
qué vista de fiesta.
Su corazón, qué rara belleza.
Declararme, ¡cómo me cuesta!.

8 de abril del 2007

Sitting at my right

Sitting at my right
what a view of a party.
Her heart, what a rare beauty.
Declaring my love, how it taxes me!

April 8, 2007

La rebeldía cristiana

¿Por qué hay necesidad
de dividirse entre cristianos?

"¡Los diezmos!" grita
un anciano con angustia.

Esta o esa "religión"
mata la voz pura que se aleja.

La rebeldía es innata
pero aquí mata.

No hay necesidad de
enseñar nuestra ignorancia y corta vista.
Yo me quedo en el último
lugar, para que no haya
preocupación del percibido
perdedor. Sólo quiero
ver que reine el amor.

The Christian Rebellion

Why is there the necessity
to divide amongst Christians?

"The tithe!" yells
an elder with anguish.

This or that "religion"
kills the pure voice that separates itself.

Rebelliousness is innate
but here it kills.

There's no necessity to
show our ignorance and short vision.
I'll stay in the last
place, so there will not be
a preoccupation of the perceived
loser. I only want to
see love reign.

Mi canción

Canciones del padre
no caen en estos oídos.

Yo viviré esa canción.
Yo edificaré y llevaré
acabo ese personaje. El padre mejicano
ha estado en muchas hogares.

Sé que hay
esos quienes han cumplido…
los saludo, hermanos.

La canción de padre,
Dios dirá si cantaré.

17 de abril del 2006

My song

Songs of the father
don't fall on these ears.

I'll live this song.
I'll build and
fulfill that personage. The Mexican father
has been in many dwellings.

I know that there are
those whom have fulfilled…
I salute them, brothers.

The song of father,
God will say if I will sing.

April 17, 2007

Cuando llegue

Cuando llegue la pobreza
estaré con los brazos cruzados.
Tendré descuido del quien
hizo las reglas.

Cuando llegue la riqueza,
estaré con los brazos cruzados.
Con mal sabor en mi lengua,
pensaré en la pena que todos
sentimos hacia estos.

Cuando llegue la muerte,
estaré con los brazos cruzados.
Ningún argumento me ha podido
persuadir, sólo el silencio.

17 de abril del 2006

When it comes

When poverty arrives,
I'll be with crossed arms.
I'm distrustful of whom
made the rules.

When wealth arrives,
I'll be with crossed arms.
With a bad taste on my tongue,
I'll think on the shame of all of us who
feel towards these.

When death arrives,
I'll be with crossed arms.
No argument has been able to
persuade me, only silence.

April 17, 2007

sin palabras

Empiezo mi poesía sin palabras.
No…imposible hacer.
¿No sé qué decir?
Bueno pues, diré las cosas
que vienen de Uruapan.

Como todos mis compañeros,
he sufrido de estar en la etapa
más baja de Abraham Maslow.
Estamos más contentos en el lugar
de "Los de abajo," para descifrar
nuestro sótano.

No sé cómo poner una
palabra sobre la otra.
Esta forma fue inventada
para el comercio y la historia.
No me conecta a la gente.
Escribo pero jamás he sabido expresarme
bien en estas veintiséis letras.

Without words

I'll begin my poetry without words.
No... impossible to do.
I don't know what to say?
Well then, I'll say the things
that come from Uruapan.

Like all my companions,
I've suffered from being in the
lowest stage of Abraham Maslow.
We're most content in the place
of "The Underdogs" so as to decipher
our basement.

I don't know how to put one
word in front of the other.
This form was invented
for commerce and history.
It doesn't connect me with the people.
I write, but have never known how to express myself
well in these twenty six letters.

Injusticia

Los cinco cubanos,
Martí, mirando en sus ojos, les toma la mano.

Los niños con hambre,
mi alma de sangre.

Los engaños matrimoniales,
no hubo los suficientes canales.

Los carros de gas,
¿por qué manejas tanto, a dónde vas?

Los ricos que duermen con ansiedad,
los pobres, sólo el llorar.

Los pies, conectados a su futuro,
el alma, incontrolable en su sacudo.

Los llantos del mejicano,
el perro con su sabiduría dice, "todo es en vano".

Los milagros de un mejicano,
el poder de una sola mano.

Los acontecimientos de la Historia,
me daña y entristece la gloria.

Los actos de mendacidad,
el posicionar y codiciar la vanidad.

Los ríos de los arroyos,
busco beber para sentir apoyo.

Los días hablando con el tiempo,
alegando y, por consiguiente, el fuerte viento.

19 de abril del 2007

Injustice

The Cuban five,
Martí, looking into their eyes, takes them by the hand.

The little kids with hunger,
mi soul of blood.

The betraying matrimonies,
there wasn't sufficient channels.

The cars of gas,
Why do you drive so much, where are you going?

The rich that sleep with anxiety,
the poor, only to cry.

The feet, connected to their future,
the soul, incontrollable in its shake.

The anguish yells of the Mexican,
the dog with his wisdom says, "All is in vain."

The miracles of a Mexican,
the power of only one hand.

The events of History,
harms me and saddens the glory.

The acts of mendacity,
the positioning and coveting of vanity.

The rivers of the streams,
I search to drink to feel motivation.

The days speaking with time,
arguing and, consequently, a sad face.

April 19, 2007

Pensé como un optimista

Pensé que la oí llorar.
Ya no quería navegar sonámbula pa' no naufragar.

Pensé que iba a amar sin cesar con su hablar.
Pensé que amaba la verdad,
que quería correr por toda la
pradera para hablar con la naturaleza.

Pensé que quería calmar sus pasiones
y ya no sentir esos dolores.

Ya no quería asistir a esos bailes o
andar con los que la han dejado bomba,
y, qué cómico, su mente sólo estaba
en esos, aun si le brindé
vistas del Este y se le habló con
dulzura.

Pensé que de tantos engaños
le quería quitar unos cuantos anos.

La llevé a cenar
por una tarde de martes para ofrecer diferentes ambientes.
No importó, me contó de las mujeres con quien
su patología la burlaba. Empecé una conversación
en tal vez tomar un viaje para Guadalajara.
Me dijo, "Y también me engaño
con mi prima, ¿cómo
lo ves?

Le di toda la razón, y
continuó hablando de todas sus pasiones
hasta cerrar las puertas del restaurante.

I thought like an optomist

I thought I heard her cry.
She didn't want to navigate sleepwalking so as to no longer shipwreck.

I thought she was going to love without end in her talk.
I thought that she loved truth,
that she wanted to run through all the
prairie to talk with nature.

I thought that she wanted to calm her passions
and no longer feel those pains.

She didn't want to attend those dances or
walk with those that have left her face beaten,
and, how comical, her mind was only
on those, even if I toasted to her
views of the East and talked to her with
sweetness.

I thought that because of all her betrayals
I wanted to take away some of her years.

I took her to dinner
on a Tuesday afternoon to offer her a different ambiance.
It did not matter, she told me of the women who
with her pathology fooled her. I started a conversation
in maybe taking a trip to Guadalajara.
She said, "And he also cheated on me
with my cousin, "What do
you think of that?'"

I agreed completely with her, and
she continued talking of all her passions
until the restaurant closed its doors.

¿Quién canta?

¿Quién canta un canto ubicuo
a su familia mejicana,
con cartas hacia el viento,
y pelearía existencialmente
por medio de su escribir
para el riesgo de hacer que
reflexionen?...

¡Sólo el loco!

¡Sólo uno en una detención
para delincuentes!

¡Sólo un malhechor!

¡Sólo alguien quién ama
demasiado a la humanidad!

¡Sólo alguien quién quiera
morir para ver a muchos más
vivir!

Who sings?

Who sings a ubiquitous chant
to their Mexican family,
with letters towards the winds,
and existentially fights
by way of his writing
taking the risk to make one
reflect?...

Only the crazy!

Only someone in a detention
center for delinquents!

Only a felon!

Only someone who loves
humanity overwhelmingly!

Only someone who wants to
die to see much more
live!

El mejicano acude

El mejicano acude
en las cosas primitivas
y por eso permanece
el pulso de su sangre.

El mejicano acude
a los menudos por
los domingos para
dar nutrimento espiritual.
Hace lo que no puede la iglesia,
sostener el alma en su soledad.

El mejicano hace unión
con el árbol de aguacate
para seguir afirmando
su lugar en el país que
fue suyo primero.
La cultura WASP
¡tan codiciadora!

El mejicano se sostiene
en reír de la absurdidad
de ser sirvientes a los blancos esclavizadores
pero negros de pensamientos y acciones,
hijos de lo que descifró Conrad.
Dios dará la recompensa.

El mejicano es imán a
las aguas del pacífico
porque entiende de la majestad
de su ambiente en el mundo entero.

El mejicano se acude en sonidos.
La música de la madera trae el pan de
cada día y es el medio que puede
entender ambos sexos.

20 de abril del 2007

The Mexican takes refuge

The Mexican takes refuge
in the primitive things
and because of that remains
the pulse of his blood.

The Mexican takes refuge
in the *menudo* on
Sundays to
give spiritual nourishment.
It does what the church cannot,
sustain the soul in its loneliness.

The Mexican unites
with the avocado tree
to continue affirming
his place in the country that
was his first.
The WASP culture,
so covetous!

The Mexican is sustained
in the laughter of their absurdity
of being servants to the enslavers
but thoughts and actions that are dark,
offspring of those that Conrad deciphered.
God will give the response.

The Mexican is magnet to
the waters of the pacific
because he understands the majesty
of its ambiance in the entire world.

The Mexican takes refuge in sounds.
The music of wood brings the bread of
each day and is the medium that can
understand both sexes.

April 20, 2007

¿Dónde va el árbol de aguacate?

El árbol de aguacate,
sombra y melancolía.
Al estar en sitios fijos,
mis pulmones extraen la vida.

Tú me das colores variantes
que bailan con el arco iris.

Tú, ¿fruta o vegetal? la gran debate,
me da la fortaleza de seguir
apreciando y creciendo
en mi mente parroquial.

Uruapan me enseña
porque reverencia hacia ti
es vital, ya que no puedo
entrar al parque nacional
sin sentir tu aroma.

20 de abril del 2007

Where does the avocado tree go?

The avocado tree,
shade and melancholy.
Being in fixed sites,
my lungs extract life.

You give me a variety of colors
that dance with the rainbow.

You, fruit or vegetable? The great debate,
gives me strength to keep
appreciating and growing
in my parochial mind.

Uruapan teaches me
because reverence towards you
is vital, since I cannot
enter the National Park
without feeling its aroma.

April 20, 2007

Mi mente se lanza hacia Guerrero

Mi mente busca la vida,
la vida no está en dólares.

Viví con ellos y me trasplantaron
el corazón, bueno, por uno superficial.
Pensaron que no notaría,
pero no sólo les dije
sino que por primera vez
expandieron mis pulmones.

En las *favelas* de Acapulco,
me enseñaron como sentir la vida.
Hoy vivo con las estrellas que son mi
cobija y como mi almohada
tengo las rocas de cal.

En mi sueño malvado,
reflejo sobre mi vida en ese país
desarrollado y pienso, "Qué
cobardía haber permanecido
en ese destierro.
Cobarde tú."

20 de abril del 2007

My mind lances towards Guerrero

Mi mind searches for life,
life is not in dollars.

I lived with those and they transplanted
my heart, well, for an artificial one.
They thought that I wouldn't notice,
but not only did I tell them
actually for the first time
my lungs expanded.

In the *favelas* of Acapulco,
they taught me how to feel life.
Today I live with the stars that are my
blanket and like my pillow
I have the rock of salt.

In my bad dream,
I reflect over my life in that developed country
and I think, "What a
coward to have remained
in that exile.
Coward you are."

April 20, 2007

El árbol del Este

El árbol del Este
me señaló desde que
pude comprender el idioma explotador.

Jugué al baloncesto y al
atletismo para evadir la
penumbra.

El árbol dijo nada.
Se quedó mudo, pero
sin meter la mano por lo cual
le doy gracias; ya habían
suficientes actores.

20 de abril del 2007

The tree of the East

The tree of the East
flagged me down since
I could understand the exploitive tongue.

I played basketball and
track and field to evade the
sunset.

The tree said nothing.
It stayed mute, but
without butting in for which
I was thankful; there were already
sufficient actors as it were.

April 20, 2007

Desde lejos

Desde lejos te amo,
te desnudo y con mi amor,
recorro todo tu ser. Mis ojos
son pilares a tu cuerpo.

Tú me llenas de pensamientos de querer vivir.
Mis átomos requieren tus átomos, de nada más
se nutren o se sostienen, la verdad
es invisible.

Desde lejos veo a mis hijos en ti.
Tú me das todas las estaciones
en un párpado de un instante.

20 de abril del 2007

From afar

From afar I love you,
I unclothe you and with my love,
trace your being. My eyes
are pillars to your body.

You fill me of thoughts of wanting to live.
My atoms require your atoms, nothing else
nourishes or sustains them, the truth
is invisible.

From afar, I see my offspring in you.
You give me all the seasons
in a blink of an instant.

April 20, 2007

Sé dónde termina el sendero

Yo también grito por la vida
 para ver lo que vendrá mañana.
Yo sé donde termina la
carretera que fue más viajada,
Pero como fue más viajada
no hay más que decir.

Yo también tiemblo a las tres
de la mañana al taparme del mundo.
Yo sé cómo se siente ser tratado
 como un ciudadano secundario
Pero como no debo enseñar debilidad,
ignorarás ese último verso.

Yo también veo la absurdidad de no
pensar en el próximo mundo
Yo sé que el gritar "¡Dios está muerto!"
 es sólo un declaración muerto
Pero qué más se dice al respeto,
¡desdichado pedazo de tierra que soy!

Yo también sonrío y hago gestos
 como si todo estuviese bien
Yo sé cómo es el jugar
 la parte del burlado
Pero no estoy solo, porque tú también
la has jugado conmigo

Yo también no me atrevo hablar de
las limitaciones de mí, el humano
Yo sé que no tengo ni idea cómo
 poner un pie en frente del otro
Pero sé lo suficiente de no dejártelo saber,
porque ser cometido, sería el resultado

Yo también canto sin cantar,
muero sin saberlo
Yo sé que el poeta jamás se
puede explicarse a los sonámbulos
Pero entro cuando sueñas y ahí dejo
mis acertijos en la punta de tu lengua

Yo también soy sobreviviente de este planeta:
arañando, peleando; el sabotear mi
sombra para ser como todos
Yo sé que el marginado y
inconformista muere a 20 a 1
Pero vive por los mismos números
porque la vida y muerte tienen que
balancearse al final

Yo también miro a la melancolía de
la multitud quien se han protegido con hijos
Yo sé que reproducen no para no ser
egoístas pero precisamente porque son egoístas
Pero, quién los puede culpar, el
vacío vagabundo se sacrifica él mismo

Yo también tengo un apetito no
saludable por querer entender a Constantino
Yo sé el sentir de querer atraer
los constituyentes más grandes
Pero el mundo ha adoptado el no
Sábado, el primer día de la semana

Yo también prefiero melodías a verbalizaciones;
la voz humana sólo trae vanidad.
Yo sé que todos somos sólo un billón de
hormigas luchando para el lugar único en la obra
Pero el luchar es lo que es la vida,
entonces dejad los actores seguir

Yo también entiendo el millonario,
jamás durmiendo; les beso sus frentes
Yo sé que la vida es dura par los de
arriba y para los debajo del primer escalón
Pero Dios no diferencia;
El no nos deja saber cual tiene la ventaja

Yo también he conocido almas quienes
me han odiado desde el primer momento;
yo talvez reciproque
Yo sé que las puertas de la entrada
al cielo son angostas y yo ancho
como un tumor maligno
Pero qué puede uno decir del destino excepto,
"lo que será, será," nada es prometido

Yo también he regañado a la juventud
por no ser perfectos, yo mismo lleno de imperfecciones
Yo sé cómo los fariseos sentían al
tratar de seguirle el paso a Jesús
Pero ellos carearon, como yo, sus
limitaciones con auto-felicitaciones

Yo también he detenido la posteridad en
mis manos, esos que verdaderamente contarán mi historia
Yo sé que mis átomos quedarán en
esta tierra por siglos por venir
Pero jamás dejadle saber al hermano mayor
 porque tomará ese movimiento vital.

I know where the road leads

I too scream for life to
see what will come tomorrow.
I know where the road leads
which was more traveled,
But since it was more traveled
there's nothing really to say.

I too, shutter at three in the morning
as I cover myself from the world.
I know what it is like to be
treated as a second-class citizen
But since I'm not suppose to show
weakness, you will ignore that last verse

I too see the futility without
thinking of the next world
I know that screaming "God is Dead!"
is but a dead statement
But what else can I say,
wretched piece of dirt I am

I too smile and gesture
as if all is okay
I know how it is to play
the part of the fool
But I'm not alone for you
have played it with me

I too dare not speak of the limitations
of being me, being human
I know that I have no clue how to
put one step in front of the other
But I know enough to not let you know that,
for being committed, would be the result

I too sing without singing,
die without knowing it
I know that the poet can never explain
themselves truly to the sleep-walker
But I enter when you dream and there leave
my riddles placed on the tip of your tongue

I too am a survivor of this planet: scratching,
fighting, sabotaging my shadow to fit in
I know that the outcast and
nonconformist dies at a 20 to 1 ratio
But lives by the same numbers, for life
 and death must balance out in the end

I too look at the melancholy of the masses
who have protected themselves with children
I know that they reproduce not to be unselfish
 but exactly so, because they are selfish
But, who can blame them; the
childless vagabond sacrifices himself

I too have an unhealthy appetite
for understanding Constantine
I know what it must have been
like to draw a bigger constituency
But the world has adopted the
non-Sabbath, the 1ˢᵗ day of the week

I too prefer melodies to verbalization;
the human voice only brings vanity
I know that we are all just billions
of ants vying for the one spot in the play
But the jockeying is what life is so
let the actors continue unabated

I too understand the millionaire,
never sleeping; I kiss their foreheads
I know that life is hard for those on top
of the latter and for those below the first step
But God differentiates not; he does not
let us know which one has the upper advantage

I too have met souls who have hated me
since the first moment; I probably reciprocated
I know that the gates of heaven are narrow
 and I am as wide as a malignant tumor
But what can one say about fate except,
"lo que será, sera," nothing is for keeps

I too have chastised the youth for not being
 perfect, myself coated with imperfection
I know how the Pharisees felt as
they tried to keep up with Jesus
But they carried, like I, their constraints and
limitations with self-congratulations

I too have held posterity in my hands,
 those that will truly tell my story
I know that my atoms will be left
 on this earth for centuries to come
But never let big brother know
for he shall make that vital move

Caminamos el vecindario

Caminamos el vecindario juntos,
para ver qué vendría a la mente.

"No entiendo por qué los Latinos
quieren vivir sin privacidad?"
Le contesté, "Sí lo quieren, es que no tienen
los requerimientos del color de piel."

"No entiendo por qué el
anglo es tan individualista?"
Me contestó, "Venimos de la legacía de
Henry VIII quien enseñó su autonomía."

"No entiendo por qué el
mejicano come tantos frijoles?"
Le contesté, "Bueno mira a todos esos
jardines de niños quienes iluminan
nuestra escena."

"No entiendo por qué el mexicano
desfila la Virgen María por doquier?"
Le contesté, "Tienes que estudiar
la historia azteca para entender."

"No entiendo por qué el anglo está luchando
por posicionarse en las prisiones?"
Me contestó, "Todos siguen la moda, pues, la pobreza
es un buen maestro."

"No entiendo por qué los extra terrestres
no entienden nuestra frustración."
Le contesté, "Mejicanos no son extra terrestres,
son humanos con sangre pulsante."

"No entiendo por qué todo anglo vive
a través de los shows de realidad?"
Me contestó, "Hemos perdido toda estimulación
tal que nada más estimula."

"No entiendo por qué el
mejicano usa un gabán?"
Le contesté, "Es como los dukes of hazard
volando por el aire para ti."

"No entiendo por qué tus inconformistas
les encanta usar ropa oscura?"
Me contestó, "Bueno, nuestra mentalidad y
acciones, por tanto tiempo, ha sido así."

We walked the neighborhood

We walked the neighborhood together,
to see what would come to mind.

"I don't understand why Latinos
want to live without any privacy."
I answered, "They do, many just don't
meet the pigmentocratic conditions."

"I don't understand why the
Anglo is so individualistic?"
He answered, "We come from the legacy of
Henry VIII who showed his autonomy."

"I don't understand why the
Mexican eats so many beans?"
I answered, "Well, just look at all of those
gardens of children who light up our scene."

"I don't understand why the Mexican
parades the Virgin Mary everywhere?"
I answered, "You must dive into
Aztec history to understand."

"I don't understand why the
Anglo is jockeying for position in prisons?"
He answered, "Everyone follows the trends,
you see, poverty is a great teacher."

"I don't understand why the aliens
don't understand our frustration?"
I answered, "Mexicans are not aliens,
they are blood-pumping human beings."

"I don't understand why every
Anglo lives via reality shows?"
He answered, "We've out-titillated ourselves
such that nothing else stimulates."

"I don't understand why the
Mexican wears a poncho?"
I answered, "It's like the dukes of hazard
flying in the air for you."

"I don't understand why your counter-culture
loves to wear dark clothing?"
He answered, "Well, our mentality and
actions, for so long, has been that."

¿Qué es el cielo?

¿Qué es el cielo en el cielo si no una
cubierta de aceite sobre nuestras almas?
Nos da esperanza y calor del caliente frío.
El cielo trae la necesaria euforia para
traer el amor de una estrella que todavía no ha
ido lejos. Quiero más por el alma que por mi pluma.
Inmediatamente prestaría atención a un corazón que a mi correo.
Demasiados maestros son caracoles con
sal tirado sobre sus cuerpos; son
siempre deshabilitados por el miedo.

Azul desdichado lo de la capa más
afuera de este pozo negro, que
trato cada día llegar al centro.

Pútrido, tierra.
Me das nada, entonces espero.
Duérmeme con éter blanco,
calma mi río pulsante para
fluir hacia Mesopotamia.

Deseo unir la tierra y el sol
sabiendo que jamás será, y
vendré cayendo de la montaña.

Me quitas mi único amor,
amor que sube en mis hombros y
pide perdón.
¿Quién puede perdonar mas que Dios?

¿Qué es el cielo?
Sólo una cubierta demasiada larga que
atrapa y
limita nuestro ser.

What is the sky?

What is the sky in the sky if not a
covering of oil over our souls?
It gives us the hope and heat of the feverish cold.
The sky brings the necessary euphoria to
bring about the love of a star that has yet to
go far. I care more for the soul than for my pen.
I would at once tend to a heart than to my mail.
Too many teachers are at once a snail with
salt thrown on their body; they are
always crippled by fear.

Blue wretchedness from the outer
layer of this black hole, that
I try everyday to get to the center

Putrid, earth.
You give me nothing, so I wait.
Dose me with white ether,
calm my pulsating river so I
can flow toward Mesopotamia.

I long to unite the dirt and sun
knowing it will never happen, and
I will come tumbling down the mountain.

You take my only love,
love that climbs on my shoulders and
asks for forgiveness.
Who can forgive but God?

What is the sky?
Only a too-long covering that
sandwiches and
constricts our being.

Sobre el autor/ About the author

Rudy Calderón nació en Los Ángeles, CA en 1974. Asistió a la secundaria de El Camino Junior High School y después a Santa María High School en Santa María, CA. Cursó estudios en Allan Hancock College, graduándose en ciencias sociales antes de trasladarse a Bakersfield, CA. En California State University Bakersfield terminó la licenciatura en Historia donde también se le otorgó membresía en Phi Alpha Theta, un club para los que han sobre salido académicamente en dicha materia. También, ha recibido las siguientes becas - William C. Adam (1999) y Hispanic Excellence Scholarship (2001). Su poesía ha sido estudiada en clases de literatura Chicana en la universidad de California Polytechnic State University San Luis Obispo. Incluso en el 2004 fue invitado a leer de sus obras en el octavo evento anual de escritores Latinos por el actor y activista Edward James Olmos. Hoy en día, es maestro de inglés en El Camino Junior High School, la misma secundaria que asistió él como joven. Para más información, favor de visitar los próximos sitios: www.uni-vurs.com y www.authorhouse.com.

Rudy Calderón was born in Los Angeles, CA in 1974. He attended El Camino Junior High School and then Santa María High School in Santa María, CA. He studied at Allan Hancock College, graduating with a specialization in Social Sciences before transferring to Bakersfield, CA. In CSU Bakersfield he finished a Bachelor's degree and was also bequeathed with membership in Phi Alpha Theta, the History Honor Society. Also, he has received the following scholarships – William C. Adam Scholarship (1999) and Hispanic Excellence Scholarship (2001). His poetry has been studied in Chicano literature courses at California Polytechnic State University San Luis Obispo. Moreover, in 2004 he was invited to read from his works at the 8th Annual Latino Book and Family Festival hosted by actor and activist Edward James Olmos. Today, he is a teacher of English at El Camino Junior High School, the same junior high that he himself attended as a youth. For more information, you can visit the following websites: www.uni-vurs.com and www.authorhouse.com.

www.ingramcontent.com/pod-product-compliance
Lightning Source LLC
Chambersburg PA
CBHW031238280526
45784CB00004B/1624